W0207755

LE GOÛT DES MOTS

UNE COLLECTION DIRIGÉE PAR PHILIPPE DELERM

Les mots nous intimident. Ils sont là, mais semblent dépasser nos pensées, nos émotions, nos sensations. Souvent, nous disons : « Je ne trouve pas les mots. » Pourtant, les mots ne seraient rien sans nous. Ils sont déçus de rencontrer notre respect, quand ils voudraient notre amitié. Pour les apprivoiser, il faut les soupeser, les regarder, apprendre leurs histoires, et puis jouer avec eux, sourire avec eux. Les approcher pour mieux les savourer, les saluer, et toujours un peu en retrait se dire je l'ai sur le bout de la langue – le goût du mot qui ne me manque déjà plus.

Ph. D.

DU MÊME AUTEUR

Voyages en absurdie
Plon, 2013
et J'ai lu, n° 11805

Retour en absurdie
Plon, 2014
et J'ai lu, n° 11811

Qui ne dit mot
Delcourt, 2015

Le Livre de la jongle
Plon, 2015
et J'ai lu, n° 12079

Stéphane De Groodt

L'IVRE DE MOTS

Illustrations
par Antoine Moreau-Dusault

Éditions de l'Observatoire

TEXTE INTÉGRAL

ISBN 978-2-7578-8569-7
(ISBN 979-10-329-0426-8, 1re publication)

© Éditions de l'Observatoire / Humensis, 2019

Le Code de la propriété intellectuelle interdit les copies ou reproductions destinées à une utilisation collective. Toute représentation ou reproduction intégrale ou partielle faite par quelque procédé que ce soit, sans le consentement de l'auteur ou de ses ayants cause, est illicite et constitue une contrefaçon sanctionnée par les articles L. 335- 2 et suivants du Code de la propriété intellectuelle

À vous. Emois…

Dédicaces et pensées fugaces

S'il est normal de consacrer la première page de ce livre à l'exercice de la dédicace envers mes filles, ma mère, mes amis, un oncle d'Amérique, une tante cairote, ou bien encore tel ou telle philosophe à l'esprit singulier et aux pensées plurielles, il n'est pas d'usage d'en faire la matière même d'un manuscrit.

Pour ce quatrième ouvrage, que j'ai l'immense bonheur de vous livrer, il me fallait donc élire celui ou celle que je souhaitais honorer de cette tradition littéraire. Mais choisir c'est renoncer, et comme ma limite est bien le renoncement, j'ai choisi de ne pas choisir. Ne renonçant dès lors à rien, couchant ci et là mes envies d'hommages et intérêts pour certaines personnes et autres personnes plus incertaines, le principe de la dédicace s'est peu à peu imposé au fil des pages.

Il restait à convaincre ma fidèle et précieuse éditrice du bien-fondé de ce projet. Si à l'énoncé de ma proposition je faisais de Muriel Beyer une éditriste, très vite elle m'accorda sa confiance.

C'est donc porté par sa bienveillance et son soutien que je me suis livré à ce qui devenait peu à peu un exercice de style. Le deuxième pan de ce livre fut une partie de plaisir à me laisser porter par quelques pensées vagabondes. Au gré des jours et des marées, je démarrais par un mot qui n'avait de cesse de m'apostropher. Creusant alors le sillon de ce qu'il avait à m'offrir, je me suis mis à semer et récolter le fruit de mes tourments et la chaire de mes envies.

À vous. Emois… Tel aurait donc pu être le titre de ce livre, avant qu'il ne devienne l'ivre, car au risque de vous saouler avec mes mots, je m'enivre pour ma part de votre soutien et de votre fidélité.

Il traduit l'attachement que je vous porte. Vous, qui avez fait de moi ce que je suis devenu au fil des différents chapitres de ma vie.

Soyez ici remerciés de cette fidélité et du soutien que vous me témoignez.

À mes filles, encore et pour toujours.

À cette page blanche,
qui ne l'est plus.

Aux auteurs, qui m'en ont donné.
Des largesses aussi.

À cette page qui ne serait rien sans la suivante.

À cette page 13 et à Claude Lelouch qui demeure un enfant.
Pour qui la vie n'est pas du cinéma,
mais qui a fait du cinéma sa vie, et sa vie, un film.
À lui qui m'a fait tourner, la tête dans les étoiles.

Aux poilus, héros de la grande guerre et de la page 14.

Aux glabres aussi, héros méconnus dont on ne parle guère.

Aux soldats inconnus et au plus célèbre d'entre eux.

Aux écrivains qui m'ont appris à livre.

Aux arbres, citoyens donneurs de papier.

Aux correcteurs de ce livre,
qui ont vécu mes épreuves et pardonné mes fautes.

À la France qui a fait de moi un Chevalier
alors que je n'étais pas en selle.
Et à celles qui m'ont fait cavalier…

À ma mère Michelle, qui voulait m'appeler Caroline
et que j'appelle Maman.
À elle, à qui j'écris je t'aime à défaut
de ne le dire que trop peu.
À ma mère donc.
À elle qui m'a fait découvrir Jean.

À Jean qui m'a donné l'envie d'avoir envie d'apprendre.
Qui m'a fait découvrir Brel,
et donc une manière de voir la vie, et de la prendre.

À Odile, sacrée femme.
Femme sacrée puisque la mienne, malgré tout…

À mon éditeur, que j'ai failli rendre éditriste
à force de trop méditer.

À mon père, dont je ne parle jamais,
mais que j'ai aimé, toujours.

À ma belle famille.
Belle parce que ma famille,
malgré tout...

À tous les Sylvain que je ne connais pas
À tous les Tesson que je ne connais pas
À tous les Sylvain Tesson que je ne connais pas
mais qui se reconnaîtront pour leur talent d'écriture.

À Steve Jobs, qui a réinventé la pomme sans pépins.

À Éric et Pierre mes deux frères,
mes âmes sœurs, même de loin.

À Éric, désormais trop loin.

À ma grand-mère, qui fut plus que grande.

À cette typo, insoupçonnable légèreté de lettres,
qui me donne l'illusion d'avoir bon caractère.

À mes chiens qui font de moi un maître.

À mes maîtres qui m'ont donné du chien.

Au hasard du je et de l'amour.

Au Goncourt qui n'aura pas ce livre.
Et réciproquement.

À moi.
Et pourquoi pas ?

À Einstein, qui m'a appris à relativiser.

Aux idées noires, souvent lumineuses.

Aux idées reçues, que je n'ai pas toujours rendues.

Aux idées qui nous portent haut, et aux idéaux surtout.

À Dieu s'il existe encore.
Adieu s'il n'existe plus.

À Churchill à qui nous devons notre liberté,
et le nom de ma rue.

Aux cow-boys et aux indiens
qui se sont battus pour le cinéma.

Au présent, qui s'est déjà enfui.

Au Kant dira t-on.

À tous les faux culs,
qui en réalité ont un vrai derrière comme tout le monde.

Aux droguistes de mon enfance,
que je prenais pour des dealers.

À Jean-Louis Trintignant, qui m'a fait croire
qu'il était possible de rêver éveillé.
De devenir pilote de course et comédien.
Je l'ai cru.

Bienfait pour moi.

À la claire fontaine, où je ne me suis jamais baigné,
mais qui a baigné mon enfance.

À tous ceux qui se prennent un râteau,
et qui n'ont pas la main verte.

Aux saisons, qui se coupent en 4
pour faire la pluie et le beau temps.

À lui, de Funès,
qui le premier me donna envie de rire et de faire rire.

Au pain perdu et au plaisir retrouvé.

À Napoléon, empereur des bonbons.

Au mime Marceau qui mine de rien, faisait mime de tout.

À tous ces veaux nourris sous la mer, morts noyés.

À reuhhhh et à ce premier cri.

À mes rêves d'enfant qui me tiennent encore éveillé.

À Polo, que l'on prit souvent pour une fusée.

À la gloire de mon père, qui ne portait jamais de marcel,
et à Pagnol qui portait bien le Marcel.

À ces joueurs de foot qui n'ont pas que 2 buts dans la vie.

À l'amour qui m'a tenu en vie.
À la vie, qui m'a permis d'aimer.
À Aimée avec qui j'aurais pu faire ma vie.

À ces mots qui ont fait de moi un obsédé textuel.

Au père Noël qui m'a fait croire aux mensonges.

Aux menteurs qui m'ont fait croire au père Noël.

À mes amis chers, amours de mes vies.
À Sybile, mon meilleur ami, ma petite sœur de cœur.

À Édouard Baer, magnifique improvisacteur.
Navigateur salutaire d'entre les mots.

À la lune et à ses croissants que je mange tous les soirs.

À l'idée de la vie qu'on se fait
À l'idée de la mort qui nous défait.

À Disney, dont les desseins furent animés.

À ces pseudo philosophes et leur filousophie.

Aux donneurs de leçons qui pensent que c'est leur devoir.

À tous ceux qui sont sur le fil du rasoir
et qui n'ont pas peur de se couper.

À ces femmes, retenues otages ménagères.

Aux mères porteuses,
femmes à ventre dont il faut louer le courage.

À Prévert et avant toute chose,
qui faisait le Jacques mais point le malin.

À André Dussolier, parce que c'est rare d'avoir un ami dans ce métier qui s'appelle André.

À Danièle Thompson.
Pour la Beaune cause…

Et puis vous autres jury,
avec qui je ris lorsque l'on cause.

À tes yeux bleus
et ce Klein d'œil qui brille comme l'étoile du maître.

À ces acteurs et actrices, qui aiment se faire photo gratifier.

Aux parfums de femmes,
et aux films qu'on s'en fait.

À Raymond Devos, maître demo.

À bientôt.

Je regarde les étoiles
et je me dis que finalement
je ne suis pas si brillant que ça.

Ce temps qui nous espace tant.

À voir l'océan aussi beau
je me dis que la mer veille.

La technologie a été inventée
par l'homme de pensée
pour lui permettre de ne plus réfléchir.

Le savant sait ce qu'il ne sait pas
alors que l'idiot ne sait pas ce qu'il ignore.

Le soleil est une boîte
de rayons de couleurs.

Si la terre avait été carrée,
la vie n'aurait pas eu
que de bons côtés.

Quand la lune est pleine
il faut la vider.

Toujours distrait,
la tête dans les étoiles,
mes idées passaient de lune à l'autre.

Le temps, c'est le vent qui se lève
et balaie les jours.

J'ai rêvé ou j'ai vu un lever de sommeil ?

Il a perdu son temps à en gagner.

Il y a l'avant et là, près,
demain.

Des pensées pour panser
l'impensable.

Mon passe-temps est de voir le temps passer.

Le grenier est un lieu
où l'on range sa mémoire
et d'où l'on sort ses souvenirs.

Je suis convaincu
de mes doutes,
un peu moins
de mes certitudes.

N’être certain de rien
mais convaincu de tout.

Lorsque l’ironie est vraie,
elle devient cynique.

Je préfère l'histoire de l'histoire
à l'histoire elle-même.

Aller au bout de soi-même
et se rendre compte
qu'il n'y a personne.

L'ombre c'est l'image de soi sans âme.

L'infortune de mes sentiments
a payé le salaire de ma tristesse.

La fin a commencé avant même
que le début ne se termine.

Sans vous
je n'aurais pas été moi.

Et ce matin-là, la nuit a commencé.

Se contenter de peu,
c'est déjà beaucoup.

Pleure si tu es un homme.

À force de chercher l'indispensable
je suis passé à côté de l'essentiel.

Le comble du pessimiste
est de ne pas croire
en l'impossible.

Penser en être mais n'y être pas en corps.

Croire qu'on est un génie
fait de vous un imbécile.

La vérité est un mensonge en devenir.

Toute fin a un début.

L'enfance, cette région de l'esprit
que nous ne cessons de visiter.

**Je t'ai blessée,
alors j'ai pansé ta plaie,
mais tu n'as pas décroché.**

L'adolescence est la convalescence de l'enfance.

Le passé passe t-il plus vite que l'avenir ?

Ado, l'essence de l'adulte.

Le courage n'est pas
de faire quelque chose
que les autres ne font pas,
c'est de ne pas faire
ce que font tous les autres.

À l'époque j' étais plus âgé.

Avant je disais que le présent n'existait pas.
Maintenant je le disais aussi…

Je panse donc je soigne.

Si tu voyais ce que je vois, tu te verrais.

Je gagne aux échecs, et je perds aux réussites. Cherchez l'erreur.

Être vieux c'est avoir
plus de résolutions
que de projets…

Il y a plus de sensation à ralentir rapidement qu'accélérer doucement. Alors à quoi bon bouder le plaisir de foncer vers la lenteur.

L'ironique s'amuse d'un rien.
Le cynique s'amuse de rien.

Optimiste, je préfère
voir le verre à moitié vide,
ça me permet de le remplir.

Si j'arrêtais de réfléchir,
j'éviterais de penser
à ce que j'ai oublié.

Le destin,
c'est l'histoire de notre vie
écrite par un autre.

Je préfère les vrais
mensonges
aux fausses vérités.

Séguéla a son or logé au poignet.

J’espère que quand je serai grand je serai encore petit.

Le coureur automobile est un champion
car il revient plus vite que les autres au même endroit.

Qui ne ment pas ?
Le menteur…

Si le temps n'existe pas,
quel leurre est-il ?

Ma mémoire est tellement mauvaise
que je ne me souviens même pas
de ce qui va arriver demain.

La vie est le meilleur moyen de passer
du néant à nulle part.

Je me ballade au cimetière,
sur qui je tombe ? !

Carpe est dilemme.

La mort est une perspective qui me tient en vie.

Phrase terminale.

Une vie pour en arriver là.

Au soir de ma vie je veux
m'éteindre à la lumière.

Ce que nous avons gagné à vivre
ne se perd jamais.

Je serai vieux
quand j'en aurai marre d'être jeune.

Se risquer à vivre.
C'est bien le minimum.

Vivre vite, n'est-ce pas mourir rapidement ?

E=MC Solar

Mort d'une cirrhose,
il gît six pieds complètement saoul terre.

Il est mort de fin.

Mourir n'est pas facile, mais vivre bien est compliqué…

Pendant longtemps je me suis préparé à vivre.
Désormais je me prépare à mourir.
Mais alors quand ai-je vécu ?

Il est mort, ensuite
on s'est perdu de vue.

La mort est un projet comme un autre,
mais c'est le dernier.

Si la mort passe aussi vite que la vie,
on devrait se revoir bientôt.

On décide de vivre, pas de mourir.

J'ai attendu de mourir
avant de me rendre compte
que j'étais vivant.

On met une vie à mourir.

La vie n'est
qu'un rêve furtif
au milieu
de la nuit infinie.

Athée souhait.
Vœux pieux.

On vit pour les autres mais on meurt pour soi.

Être vivant ce n'est pas
avoir conscience
qu'on est en vie,
mais bien qu'on est mortel.

On meurt, on tombe.

La mort est la plus concrète des abstractions.

J'ai gagné ma vie à la dépenser.
J'y ai mis toutes mes économies.

De l'œuf ou de la poule
qui est arrivé le premier ?
Le jeune d'œuf.

Que fait l'oie ?
Elle juge sur pattes.

Il fait un temps de chat. Est-ce à dire qu'il fait beau ?

Si la nuit tous les chats sont gris,
qu'en est-il des chats teints ?

Le Zèbre est coquet,
il garde sa ligne.

Un oizoo est un oiseau prisonnier.

Qui vole un œuf,
vole une poule.

Ce n'est pas parce qu'un chauve sourit qu'il vole.

J'ai passé ma lune de miel
dans une abbaye.
Ça a fait le buzzzzzz.

Monter sur ses grands chevaux.
Encore faut-il être bon cavalier.

Est-ce parce que le canari vole qu'il se retrouve en cage ?

Cet animal à tort tue.
Est-ce pour cela qu'il porte le poids
de la culpabilité sur son dos ?

Lorsque sonne automne,
l'hiver lui prête une oreille attentive.

Il neige-jamais trop tard.
Proverbe montagnard

La pluie tombe
mais ne se relève pas.

Raconter des blagues sur les châtaigniers
c'est marron comme tout.

Je l'aime,
c'est mon
âme-heureuse.

*Avec toi, même le pire
avait le goût du meilleur.*

Qu'il est bon de recevoir des étreintes en fin d'année.

Qui m'aimes-tu ?
Toi m'aime.

Être attirés comme des Aimants.

Pour Yann Moix, les femmes d'un certain âge sont des drames de compagnies.

Souviens-moi de toi.

À défaut de sortir avec moi, invite-moi à entrer.

On ne se fait pas
refaire le visage,
on le défait…

J'ai besoin d'une femme pour être un homme.

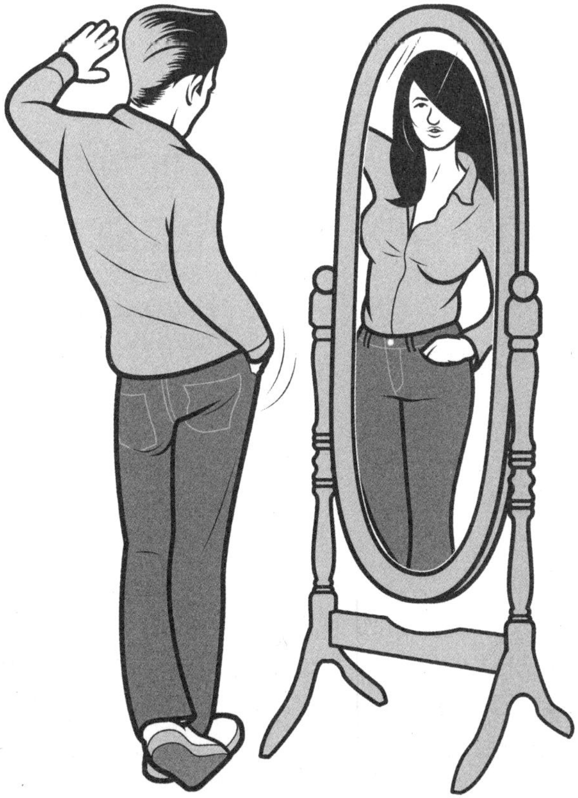

Chaque grain d'amour
m'a rendu heureux.

Cette femme est pétillante,
même si ça ne coule pas de source.

Le dragueur compulsif court
plusieurs lèvres à la fois.

Toutes les femmes sont des Hommes.
Les hommes ne peuvent pas en dire autant.

L'Homme descend de la femme.
C'est peut-être pour ça
qu'il est tant remonté.

Il n'y aurait pas eu de madeleine de Proust
s'il avait écrit à la recherche du pain perdu.

Molière n'a jamais eu de Molière.
Et pourtant, quel comédien !

© S. Manel

On ne badine pas avec l'humour.
A. Musset ou A. Musant.

L'écrivain est un romanteur.

Janis Chaplin, chanteuse des temps modernes.

Basquiat était un homme de couleurs.

Ces Philosophes qui en font une Montaigne.

Les femmes s'inventent.
De Molière à aujourd'hui.

Léonard devint-si discret
qu'on ne pouvait plus le voir qu'en peinture.

Trump ou l'art de faire des Américains des Ricains amers.

Simone Signoret mais nous ne l'oublierons jamais.

Certes il n'est plus en odeur de sainteté,
mais Woody n'a pas fait que de mauvais Allen.

Joey Starr envisage
de créer Nique Ton Père.
Ce serait Kool.

Je n'entends rien
avec mon sax'aphone.

Il m'a trompette.
Mon instru ment-il ?

Louis XVI estimait que Marie en toilette
était une Reine de beauté.

Je n'ai connu de Béatrice que Dalle.

Brelge
et fier de l'être.

Mon cousin germain a un schleu sur la langue.

Le Suisse-cède. Il n'en est pas mort.

L'écorse ont la peau dure.

La Belgique
n'est pas un pays,
c'est un État d'esprits.

Brel a redonné ses lettres de noblesse aux Marquises…

Je veux bien perdre
s'il y a quelque chose à gagner.

Une bouteille à la mer
En verre et contre tout
Contre vent s'est marée
Contre temps s'est barrée.

Pour certains,
JFK n'était qu'un président à 2 balles.

Jean d'Or…
Si le monde des morts accueille un homme de l'être,
le monde des mots perd l'une
de ses plus belles ponctuations.
Au revoir Monsieur et Bonjour là-Haut.

De 0 à 10 ans, on met 10 ans à grandir.
De 10 à 20 ans, on met 10 ans à comprendre qui on devient.
De 20 à 30 ans, on passe 10 ans à faire la fête.
De 30 à 40 ans, on met 10 ans à créer une famille.
De 40 à 50 ans, on met 10 ans à comprendre qui on est.
De 50 à 60 ans, on met 10 ans à comprendre ce qu'on est devenu.
De 60 à 70 ans, on met 10 ans à comprendre ce que l'on est plus.
De 70 à 80 ans, on met 10 ans à accepter qu'on ne comprends plus
ce qu'il y a à comprendre.
À partir de 80 ans, on met le temps qu'il faut pour attendre
et comprendre qu'il n'y a rien à comprendre.
Juste à vivre.

Je suis parti pour devenir quelqu'un.
À mon retour je n'étais plus personne
car on est que de l'amour de l'autre.
Mais l'autre n'était plus là…

Dis papa,
quand on meurt on va au ciel ?
Oui ma chérie.
Alors le Monsieur mort,
quand on l'enterre, ment ?

Ce n'est pas à ses batailles que l'on juge
un grand Général, c'est au courage
qu'il a à défendre ses hommes et par-delà,
son honneur.
(Jugement de Salomé)

Et si la quête est un début, je la prends comme une faim, un point d'horizon, tracé comme un point d'honneur.

Mon corps gras et flasque
est le souvenir de mes plaisirs
et la mémoire de mes excès.

Si la fin justifie les moyens,
le peu de moyens
ne justifie pas la faim.

Il faudrait inventer un caramel au beurre de fleur salée.
Ninon

C'est en mangeant
un nazi goering qu'Hitler aurait
écrit *Mein Kiff*.

Le pain, la mie du petit-déjeuner.

J'ai été à Las Vegan,
mais je suis resté sur ma faim.

Et le verre devint rouge.

Badoit ! Marque d'encouragement
pour les jeux d'eau limpide.

Renault,
enchanteur à voies.

Chez Nintendo il est dit que la déesse console.

C’est pas bien de se mosquer
des musulmans.

Avant et Ève.

Deuil pour Œil.
Expression qui veut dire que l'on est borgne.

Je suis
pratiquant non croyant.

Le type a lâché un vent
et puis il est parti.
Délit de fuite…

La valeur du plaisir
ne rembourse jamais
le montant du désir.

Le dentiste arracheur de dents
ou le serment d'hypocrite.

L'impolitique est celui qui ne respecte pas ses électeurs.

*Le scandale
des parlementeurs.*

Les gars racistes devraient éviter de rouler des mécaniques.

Le 31, descendre, et remonter au premier.

Je voudrais écrire mes mémoires avant de la perdre.

Après qu'il a perdu les pédales
on s'est mis à tirer sur l'imbus Lance.

L'inégalité n'est pas une injustice.
C'est bien l'injustice qui en est une.

Weinstein
et ses problèmes
de culte.

Du temps de Louis XIV c'était vices à Versailles.

Pour certains curés incertains,
la bite fait le moine.

L'objectif du photographe,
tellement subjectif.

Afrorisme ; humour noir.

Quasimodo avait-il des dents de laid ?

Bien des choses arrivent par hasard,
ou parachute si on préfère laisser
planer le doute.

Gondoleances.
Ramer pour exprimer sa peine
à l'égard de celui qui est en deuil.

Avalouanges ou comment être englouti
pas les compliments.

**Ces vieux mannequins, au passé de mode,
devenus flop Model.**

Seuls les bébés
se réjouissent
à la perspective
de la mère à boire.

– Vous avez un peu pris vous non ?
– Oh vous savez, après tout ce que j'ai donné…

Prendre son bateau de pèlerin pour traverser
l'amer et surfer sur les vagues à larmes.

Il a bon dos, il s'est fait un tour de rien.

Lorsque César
coule un bronze
il n'est pas vulgaire.

S'appeler Jean et n'aimer personne.

J'aime tellement l'humour noir
que la nuit je ris.

Le somme nie l'éveil.

L'homme descend du songe.

Se marier c'est se passer la bague au doigt et à l'œil.

Réveille-toi il est l'heure d'aller au lit.
Ninon

S'en lasser de s'enlacer.

Desproges était effectivement pluriel.

Un boulanger ne ferait pas de mal à une miche.

La vie, c'est aller
du réversible
à l'irréversible.

Au fond,
Cousteau avait raison.

J'ai un doute.
C'est en juillet ou septembre ?

Champion d'apnée,
il a trouvé un boulot de plongeur.

Pour plaindre un tableau j'ai trompé mon pinceau dans un pot de toutes les douleurs.

Hanouna. Telle est réalité ?

L'air frais du bien.

Dans les bras de Morflée.

Les tribuns soufflent le show et l'effroi.

En le traitant de pédale je reconnais avoir eu le pied sur l'exagérateur.

Il était polémiste Victor.

J'ai été coiffé au poteau par Angélique, Marquise Dessange.

Harvey Einstein, mauvais génie.

Monsieur Propre est un nom commun.

Mi-joint c'est le début
des vacances
pour les mi-fumeurs.

Cet été je vais à seins trophées.

●

Un point c'est tout.

Gauche schisme.
Programme commun.

Lui n'a aucun mérite, il n'est que légion donneur.

Voler de son propre zèle.

J'ai vu tous les films de Belmondo,
mais mon préféré est la tour de Bébel.
(Jean-Paul II)

J'ai puisé mon inspiration au pays de Gandhi.
(Chantal Goya)

Qui mime me suive.
(Marcel Marceau)

Qui mine me suive
(Marcel Dassault)

Je veux mourir vivant.

Des pensées sans compter.

Ce type n'est pas très net,
il est flou allié.

Nous avons tous deux, à notre manière, décroché la Lune.
(Louis et Neil Armstrong)

RÉALISATION : NORD COMPO À VILLENEUVE-D'ASCQ
IMPRESSION : MAURY IMPRIMEUR À MALESHERBES (45)
DÉPÔT LÉGAL : NOVEMBRE 2020. N° 145848 (248690)
IMPRIMÉ EN FRANCE